CONFRÉRIE
DES
CHARITABLES DE SAINT-ÉLOI
FONDÉE A BÉTHUNE ET A BEUVRY EN 1188

CÉLÉBRATION DU JUBILÉ
DEMI-SÉCULAIRE
DE
M. VALLAGE AINÉ
DOYEN DE LA CONFRÉRIE

COMPTE-RENDU
DE LA CÉRÉMONIE DU 30 JUILLET 1876

VICTOR COQUIDÉ

ARRAS
IMPRIMERIE H. SCHOUTHEER, RUE DES TROIS-VISAGES
1876

CONFRÉRIE
DES
CHARITABLES DE SAINT-ÉLOI
FONDÉE A BÉTHUNE ET A BEUVRY EN 1188

CÉLÉBRATION DU JUBILÉ
DEMI-SÉCULAIRE
DE
M. VALLAGE AINÉ
DOYEN DE LA CONFRÉRIE

COMPTE-RENDU
DE LA CÉRÉMONIE DU 30 JUILLET 1876

VICTOR COQUIDÉ

ARRAS
IMPRIMERIE H. SCHOUTHEER, RUE DES TROIS-VISAGES
1876

Le Dimanche 30 Juillet 1876 fut un jour mémorable pour la ville de Béthune ; M. Vallage aîné, vénérable Doyen des Charitables de Saint-Eloi, célébrait solennellement le cinquantième anniversaire de son entrée dans la Confrérie.

Il n'est pas inutile de retracer en quelques lignes l'origine et les statuts de cette vaillante association d'hommes généreux et de cœurs dévoués.

En 1188, pendant qu'une peste horrible dévastait le pays, deux maréchaux de Beuvry et de Béthune eurent, la même nuit, le même songe ou la même vision ; leur saint Patron leur disait de se concerter pour fonder une Confrérie d'hommes Charitables qui procèderaient à l'ensevelissement et à la sépulture des pestiférés. Remplis d'ardeur et de foi, les deux bons maréchaux Germon et Gauthier établirent, l'un à Beuvry, l'autre à Béthune, une Société de seize Confrères, quatre Mayeurs et un Prévôt pour accomplir indéfiniment la pénible mission des devoirs funèbres.

Ce sont ces deux Confréries qui existent encore aujourd'hui, après avoir traversé les vicissitudes des temps, les périls des épidémies, les variations de l'inconstance humaine et les époques difficiles de l'instabilité politique.

L'Institution des Charitables n'est point une œuvre eulement humaine ; à cause de l'intervention de son

Patron, elle peut défier les attaques des méchants, les piéges des envieux, la molle atonie des cœurs froids; elle n'est même point affaiblie du refroidissement de ceux qui n'ont « plus le temps » de la servir.

Un grand saint a dit aux Charitables, ses fils : « Allez enterrer les morts et faire du bien autour de vous. » Et les Charitables vont ; ils vont ainsi depuis sept cents ans.

De même que les Élus du Seigneur ne comptent plus les années, la Confrérie de Saint-Éloi ne compte plus ses services; le zèle de la Charité l'anime, la confiance la soutient, l'amour du bien la fortifie.

Depuis des siècles, la confrérie de Saint-Éloi fait la gloire exceptionnelle de Béthune; c'est l'écrin et le livre d'or de la cité.

JUBILÉ
DEMI-SÉCULAIRE
DE
M. VALLAGE AINÉ
(FRANÇOIS-ADRIEN-JOSEPH)

Dans les Annales séculaires, sont inscrits tous les noms des Confrères dès le jour de leur entrée dans l'Ordre. Là se voient toutes les signatures de nouveaux élus au bas de leur acte d'incorporation.

En 1826, sous la prévôté de M. Durteste-Fauvez, les deux Mayeurs élus furent Rémi Leclercq-Bigour et Alexandre Morel-Hanicotte, et les huit nouveaux confrères furent : Grandadam, chevalier de la Légion d'honneur ; Adrien Crus, Vallage-Desbrosses, Lecocq fils, Prudent Dufresnoy, Richard-Suret, Benoît Catouillart et Wagniart aîné.

C'est M. Vallage-Desbrosses, seul survivant de cette élection, qui a célébré cette année son glorieux jubilé de cinquante ans.

En 1843, M. Vallage aîné est rentré en activité de service avec le titre de Mayeur.

Plus tard, en 1847, M. le Prévôt Charles Outrebon, à l'expiration de la durée normale de son service, céda ses titres et pouvoirs à M. Vallage.

Enfin, à la mort de M. Éloi Brasier, vénérable Doyen, la suprême dignité fut dévolue au plus ancien des prévôts d'alors, c'est-à-dire à l'estimable chef dont la Confrérie vient de célébrer le Jubilé. Les vertus qui brillaient dans le bon M. Brasier, semblent avoir été léguées à son successeur, en même temps que la haute direction morale du Charitable Troupeau.

La Cérémonie du Jubilé demi-séculaire s'est faite souvent sans doute, car bien certainement les faveurs de saint Éloi se sont de tout temps étendues sur les plus zélés de ses serviteurs.

Le livre des *Heures Chrétiennes*, dont chaque confrère possède un exemplaire, donne une touchante description du Jubilé du 20 Juillet 1852, célébré en l'honneur de M. Brasier. Il y a, vers la fin, un vœu que saint Éloi aura entendu et qu'il aura demandé à Dieu d'exaucer :

« Plaise à Dieu, mes chers Confrères, que nos enfants,
» imbus des principes et des vertus chrétiennes et charitables
» de leurs pères, ressuscitent dans un temps plus ou moins
» éloigné l'éclatante solennité que nous venons d'accomplir. »

Tel est ce vœu que le Ciel vient d'accueillir favorablement. Le vénérable M. Vallage n'a point manqué d'adresser la même prière au Tout-Puissant. D'âge en âge jusqu'aux lointains horizons de l'avenir, la Confrérie sera appelée parfois à saluer de ses hommages affectueux la cinquantaine solennelle du premier dignitaire selon saint Éloi.

La célébration du Jubilé de 1876 n'a rien laissé à désirer. Quelle qu'eût été la pompe de la fête de 1852, la plus récente a brillé plus encore peut-être par le nombre considérable des Confrères, par l'ardeur des manifestations et surtout par la profusion des éloquents discours de circonstance.

Une Commission s'était organisée parmi les confrères pour donner à cette fête une importance digne à la fois de Béthune, de la Confrérie et de ses invités. Les Commissaires choisis furent MM. Déruelle, Prévôt en activité, *président ;* Vandersippe, ancien Prévôt, et Coquidé père, ancien Mayeur, *vice-présidents ;* Caron-Guilleman, ancien Prévôt, Herman-Lemaire, Bocquet-Glorian, Denis-Pannequin, Henri Collinet, *mayeurs ;* Herman-Gantiez, Crombez, Cavillon, Le Marchand, Liénard et Béghin, *confrères.*

Sous le visa du Doyen M. Vallage, cette Commission, à la

date du 10 juillet 1876, adressa des lettres d'invitation aux Autorités religieuses et civiles, en même temps qu'aux deux Prévôts de Beuvry et au personnel tout entier des Charitables de Béthune. Ces invitations portaient que, le Dimanche 30 Juillet, la Confrérie honorerait la puissance et la grandeur de saint Éloi : « Nous n'hésiterons pas à témoigner notre
» reconnaissance pour sa protection tutélaire et son interces-
» sion auprès de Dieu en faveur de notre cité. Cette cérémonie
» sera plus solennelle encore par la célébration du cinquan-
» tième anniversaire de notre Doyen, admis comme Charitable
» le 1er juillet 1826. — Nous avons l'honneur de vous convier
» à cette Fête de Famille et au Banquet que nous offre notre
» Doyen, à l'Hôtel-de-Ville, à l'occasion de son Jubilé. Nous
» vous prions instamment de vouloir bien accepter son
» invitation. »

Le programme de cette fête béthunoise fut accompli fidèlement à la satisfaction générale. Dès le matin, le drapeau national flottait dans toutes les rues ; il semblait qu'un vif courant de joie et de charité se fût répandu comme l'électricité sur toute la ville. M. le Sous-Préfet lui-même avait, dès la première heure, donné à tous le bon exemple ; premier magistrat de l'ordre administratif de l'arrondissement, il montrait ainsi que la charité et ceux qui la pratiquent sont également en honneur, quelle que soit la main qui tienne le timon des affaires publiques.

A dix heures trois quarts, le carillon du beffroi annonçait le commencement de la fête. Les Charitables, réunis en leur Chambre au nombre de plus de cent cinquante, se groupaient en cortége suivant l'ordre d'ancienneté. Le Massier de la Confrérie ouvrait la marche, suivi du cher et bien-aimé Le Marchand, qui, selon ses attributions réglementaires, avait le soin spécial du saint Cierge de saint Éloi.

Quel spectacle imposant présentaient alors les Frères Charitables ! Après la statue du vénéré Patron, s'avançaient les Membres dévoués de la Confrérie. Ils marchaient silencieux et recueillis ; leur attitude était, comme toujours, un acte de foi dans la grandeur du Dieu qu'ils servent, un acte de foi dans l'excellence du ministère qu'ils remplissent.

A l'église, le chœur se trouva bientôt rempli ; le Saint était entouré de tous ses enfants. Le sacrifice de la Messe commença. Les Autorités, invitées à la cérémonie, avaient répondu aux désirs de M. Vallage et de la Commission.

Nous ne décrirons pas les détails touchants de cette pieuse fête fraternelle, le Cierge symbolique allumé, les lèvres et les cœurs en prières, les voix humaines s'élevant vers Dieu à travers l'espace, et les offrandes généreuses des mains bienfaitrices. Les regards des Confrères se dirigeaient fréquemment sur les splendides verrières qui décorent admirablement le fond des chapelles ; le sujet de saint Éloi attirait particulièrement leur attention. Plus d'un cœur à la fois rempli de l'amour du beau et de l'amour du bien, demandait au saint Patron de la Confrérie qu'il inspirât aux plus heureux de Béthune la louable pensée d'offrir de nouveaux témoignages de leur piété. Nous ne serions pas surpris que ce vœu fût bientôt entendu et exaucé.

Quand la cérémonie religieuse fut terminée, le cortége se remit en marche et suivit le parcours ordinaire des processions solennelles. Un ciel tout de lumière, un soleil tout de feu, ajoutaient à la grandiose simplicité de la charitable manifestation. Chacun s'arrêtait avec sympathie devant elle, car les Confrères, jouissant de la même estime parmi toutes les classes de la localité, ne peuvent rencontrer partout que des marques d'intérêt et d'affection.

De longs mâts pavoisés ont été plantés devant l'Hôtel-de-Ville. Un portique porte cette inscription : Hommage au vénérable Doyen de la Confrérie des Charitables de Béthune. Le cortége s'arrête au bas des degrés et forme la double haie ; le Doyen, suivi des dignitaires, s'avance et va prendre place au grand salon d'honneur.

Un instant après, la fête civile commence sous la présidence de M. Dellisse-Engrand, Maire de la ville.

C'est un spectacle à laisser un souvenir ineffaçable, que celui de cette foule de Confrères, en grande tenue, se pressant autour de leurs honorables chefs, et regardant avec un respect affectueux le digne héros de cette fête de famille.

M. Déruelle, Prévôt en activité de service, l'un des plus zélés organisateurs de la cérémonie, se présente devant M. Vallage et lui adresse le discours suivant :

Cher Doyen,

La Confrérie des Charitables de Saint-Éloi de Béthune m'a chargé de vous prier d'accepter cette Médaille qu'elle vous offre en commémoration de la fête que nous célébrons aujourd'hui, à cause de votre Jubilé, c'est-à-dire de cinquante ans de charité et de dévoûment.

En effet, cher Doyen, vous êtes entré dans la Confrérie en 1826 ; vous avez été nommé Mayeur en 1843, Prévôt en 1847, et, en janvier 1863, vous avez succédé au vénérable et vertueux Doyen, M. Brasier, dont nous avons toujours présent à la mémoire le dévoûment à notre chère Confrérie, qu'à votre tour vous pratiquez aussi largement que possible. (*Très-bien ! Très-bien !*)

Permettez-moi, cher Doyen, d'exprimer un vœu bien sincère de la Confrérie : c'est que Dieu daigne joindre encore de longues années à la belle et vigoureuse vieillesse dont vous jouissez. (*Bravos ! — Applaudissements.*)

Immédiatement le Prévôt Déruelle et le Doyen se donnèrent la fraternelle accolade, et M. le Maire joignit ses félicitations à celles de l'assemblée.

Le Doyen, très-vivement impressionné du témoignage

d'affection qui lui était offert, répondit ainsi aux paroles de M. le Prévôt :

Mon cher Prévôt,
Mes chers Confrères,

Ce nouveau témoignage de votre affection et de vos sentiments si dévoués pour votre Doyen m'est bien cher ; je vous exprime surtout ma vive reconnaissance pour l'hommage que vous me faites d'une aussi belle Médaille. Je suis heureux de l'accepter, et je serai fier de la porter dans nos réunions. (*Très-bien !*)

Cette Médaille, mes Confrères, sera, pour moi, pour ma famille, pour nous tous, le symbole et l'emblême du devoir et de l'honneur.

Elle rappellera à chacun que l'on ne peut marcher ici-bas qu'en possédant ces deux qualités essentielles de la vie de l'homme : l'amour du devoir et le sentiment de l'honneur. Elle rappellera à chacun qu'on ne saurait autrement arriver à acquérir l'estime et la considération de ses concitoyens, votre amitié, votre affection, à vous tous, mes confrères. (*Bravos !*)

Mille fois merci ! (*Applaudissements unanimes.*)

Un instant après, la grande médaille d'or offerte par la Confrérie elle-même était suspendue au cou du vénérable Doyen ; et les applaudissements de l'assemblée témoignaient de la vivacité de sa joie et de son bonheur.

M. Eugène Béghin, en qualité de Délégué d'une Société de Bienfaisance et d'Instruction de Paris, a demandé alors la parole et a adressé à M. Vallage, ainsi qu'à l'assemblée, le discours suivant :

Monsieur et vénérable Doyen de la Confrérie de Saint-Éloi,

Messieurs les Charitables et chers Confrères,

Dans cette solennité où vous avez voulu, Monsieur le Doyen, réunir autour de vous les membres de notre antique Société des Charitables, pour célébrer en famille votre Jubilé de cinquante ans, je suis très-honoré d'avoir été choisi par la Société nationale d'Encouragement au Bien pour vous exprimer, au nom du Président de cette illustre Compagnie, ses sentiments de haute estime, et vous offrir de la part de M. Arnoul, son secrétaire général, ses chaleureuses félicitations.

La Société nationale d'Encouragement au Bien, dont vous êtes membre, voulant vous donner une marque éclatante de ses sympathies, se fût fait représenter à cette fête par son honorable Secrétaire Général si une maladie aussi soudaine que douloureuse n'était venue empêcher cet homme de bien de se rendre au milieu de nous.

Cette grande et noble Société, dont le siége est à Paris, a pour but de stimuler par tous les moyens, surtout par des distinctions honorifiques, les hommes de cœur et les œuvres de charité; d'encourager les écrivains consciencieux à publier des ouvrages moraux et d'instruction populaire. Ce but, elle n'a cessé de le poursuivre; elle ne cesse de faire sentir sa douce influence d'un bout du pays à l'autre. Béthune, plus que toutes les villes du département, a reçu de cette association fraternelle un témoignage spécial et flatteur d'encouragement dans la personne de plusieurs de nos concitoyens. L'année de la grande Exposition, le premier de notre pays, vous avez été, Monsieur le Doyen, signalé à l'attention de la Société; et vous en avez reçu une distinction due à votre dévoûment éprouvé et connu de tous. Chacun s'en est réjoui.

Certainement, un lien unit la Confrérie de Saint-Éloi et la Société d'Encouragement au Bien; comme deux sœurs qui se donnent la main, ces sociétés marchent vers un même but : la pacification des esprits, l'harmonie des cœurs et l'amélioration de l'humanité PAR L'EXEMPLE! (*Très-bien!*)

Le nombre si grand de la Société des Charitables, réunis dans cette salle, prouve que les hommes vertueux ne sont pas rares à Béthune ; sept siècles n'ont pu affaiblir leur zèle.

Nous n'avons pas à faire l'historique de cette Confrérie dont les solides bases ont été établies dans la seconde moitié du douzième siècle, sous l'inspiration de saint Éloi, par deux maréchaux-ferrants, Germon et Gauthier; nous ferons seulement ressortir l'esprit d'abnégation avec lequel tant de générations ont accompli la mission qu'elles s'étaient imposée.

Ce qu'il faut admirer dans la Confrérie des Charitables, ce ne sont pas seulement les services matériels rendus volontairement aux pauvres comme aux riches, par des personnes que la fortune dispense des travaux fatigants ; c'est surtout le but philanthropique, l'œuvre moralisatrice poursuivie par ces serviteurs de l'humanité. Leur exemple salutaire a maintenu parmi les habitants de Béthune l'amour du Bien et l'esprit de confraternité qui faisaient l'apanage de nos pères.

Dans les grandes villes surtout, il n'est pas rare de voir

des malheureux, souvent des vieillards, transportés à leur dernière demeure sans suite, sans ami. Qui n'a entendu parler du tableau représentant *le Convoi du Pauvre ?* un chien seul suit le corbillard jusqu'à la fosse commune, et meurt sur la terre qui recouvre son maître. Mais, à Béthune, il n'en est pas ainsi : le pauvre est escorté comme le riche par un groupe de Confrères pratiquant la fraternité dans ce qu'elle a de plus doux, la fraternité de l'âme. (*Très-bien!*)

Remarquons, mes chers Confrères, combien Dieu, touché de notre dévoûment, nous comble de sa grâce : la fête qui nous réunit aujourd'hui s'est répétée bien des fois certainement, dans des proportions moins somptueuses, depuis l'origine de notre Institution ; un certain nombre d'entre vous ont assisté au Jubilé demi-séculaire de notre regretté ancien Doyen, M. Brasier, dont le gouvernement récompensa le dévoûment par la Croix de la Légion d'honneur ; quel spectacle plus imposant et plus encourageant que celui que nous présente aujourd'hui l'assemblée de nos Prévôts, vénérables tant par l'âge que par leurs vertus, et la réunion de cent soixante chefs de famille dans un même esprit : l'amour du Bien. (*Très-bien!*)

Monsieur et cher Doyen, j'aime à rendre un hommage public à une vie aussi bien remplie que la vôtre ; certainement, si je n'avais dû accepter la mission de représenter la Société nationale d'Encouragement au Bien, dont j'ai l'honneur de faire partie, j'eusse demandé la parole en cette circonstance pour lire à mes concitoyens une page d'histoire locale ; et cette page est pleine des honorables services que vous avez rendus. (*Très-bien!*)

Pendant les cinquante années que vous avez passées

au sein de la Confrérie, quels excellents rapports ont existé entre vous et les membres de cette Association ! Je laisse à d'autres plus autorisés le soin de dire tous les actes de zèle et de dévoûment de votre longue carrière ; cet esprit conciliant et sympathique que vous apportez dans vos relations ; cette bonté aimable, enfin cette exactitude dans l'accomplissement du devoir.

Mais, ce que je voudrais rappeler sans blesser votre modestie, c'est que, tout en prodiguant vos soins à la Confrérie, vous avez encore trouvé le temps de faire partie d'une foule d'Œuvres de charité et d'utilité publique : Conseiller municipal pendant seize années environ, Bureau de bienfaisance, Commission de surveillance de la Maison d'Arrêt, Commission de répartition pour tout ce qui touche aux intérêts de la ville, Commission départementale de secours aux blessés, Salubrité publique, Écoles, Collége, Beaux-Arts : il serait trop long d'énoncer ici toutes les fonctions que vous avez acceptées dans l'intérêt du Bien public. Cependant, parmi toutes ces Œuvres, il en est une à laquelle je voudrais m'arrêter, parce qu'elle résume toutes les autres et nous montre notre Doyen tout entier : c'est la Société de Secours Mutuels, dont deux décrets successifs vous ont donné la direction suprême. Vous avez rempli cette délicate fonction avec les sentiments de la plus haute moralité et un zèle que la Société nationale d'Encouragement au Bien a voulu récompenser, comme nous l'avons déjà dit, en vous décernant une Médaille d'honneur le 10 juin 1867.

Nous avons la certitude que cette Médaille est un acheminement vers de plus hautes distinctions (*très-bien !*), et qu'après avoir reçu la récompense des hommes, vous en obtiendrez une plus glorieuse et plus durable, celle que méritent la foi, la vertu, le dévoûment, et que Dieu réserve à ses élus dans une bienheureuse éternité.

M. Honoré Arnoul se faisait une grande joie de vous offrir une Médaille en récompense de vos mérites signalés, comme en souvenir de cette fête tout exceptionnelle. Pourquoi faut-il qu'un mal cruel soit venu priver les Béthunois de voir et d'entendre cet homme éminent, qui admire leur charitable Confrérie ? Pourquoi faut-il que cette Médaille perde du prix inestimable qu'elle aurait reçu, si elle avait pu vous être remise par l'homme supérieur qui vous la destinait ?

Veuillez la recevoir des mains de votre serviteur et confrère, vénérable Doyen ; les vertus qui vous l'ont acquise n'en auront pas moins d'éclat ! (*Bravos !*)

Au milieu d'une émotion qui allait toujours croissant, quand tous les regards brillaient de satisfaction, le vénérable Doyen reprit la parole et répondit en ces termes :

MONSIEUR LE DÉLÉGUÉ,

Je suis on ne peut plus sensible aux sentiments élevés que je viens d'entendre, et qui expriment si bien, mes Confrères, tout votre amour et votre affection pour votre Doyen.

Je suis sensible aussi à ces sentiments généreux que vous m'apportez de la Société libre pour le développement de l'Instruction et de l'Éducation populaires ; et surtout à la distinction que vous m'offrez au nom de

M. le Président, qu'une maladie très-douloureuse empêche de se trouver parmi nous.

Cette belle Médaille, Monsieur le Délégué, je l'accepte avec bonheur, et je vous prie d'en adresser à M. Arnoul et à la Société qu'il représente mes bien vifs remercîments.

Puisse le Ciel me permettre de vivre assez longtemps pour la mériter mieux, en continuant à travailler, comme vous le faites vous-mêmes tous les jours, mes Confrères, pour l'humanité et pour la charité. (*Bravos! Applaudissements.*)

M. le Délégué, je vous félicite bien sincèrement, et vous fais mon compliment sur votre beau discours, plein de verve, de cœur et d'âme.

Ce discours, mes Confrères, sera pour notre corporation un monument. Il apprendra à nos successeurs, aux générations futures, de quels sentiments vous étiez pénétrés le 30 juillet 1876 (*très-bien!*), pour la propagation et le développement de l'œuvre sainte que vous poursuivez avec autant de zèle que de dévoûment! (*Bravos! — Applaudissements prolongés.*)

Pendant que la foule des Confrères témoignait, par ses applaudissements enthousiastes, combien les paroles du Doyen trouvaient de l'écho dans leurs cœurs, le Maire de Béthune, l'honorable M. Dellisse, serrait affectueusement les mains de M. .Vallage et lui adressait quelques paroles de félicitations.

La Commission du Jubilé demi-séculaire a été assez heureuse pour obtenir communication du discours que se proposait de faire entendre M. Honoré Arnoul à la Fête des Charitables du 30 juillet 1876. Les témoignages d'affection et de vive sympathie que M. Arnoul avait déjà reçus de plusieurs d'entre nous, n'étaient que le prélude de l'accueil qui lui était réservé à Béthune, si une maladie aussi grave que soudaine ne l'eût forcément retenu à Paris.

Nous espérons que le public nous saura gré d'avoir donné place à ce travail d'un collègue et sincère ami.

DISCOURS DE M. HONORÉ ARNOUL

Président de la Société d'Instruction et d'Éducation populaires
et Secrétaire Général de la Société nationale
d'Encouragement au bien.

MESSIEURS LES CHARITABLES,

A peine arrivé dans vos murs, vous m'avez entouré de vos sympathies; vous m'avez accueilli non-seulement comme le représentant d'une de nos plus importantes Institutions philanthrophiques de la France, mais encore, et j'en suis vivement touché, comme un ami dont la présence apporte quelques rayons de joie dans la famille; je vous en remercie avec toute l'effusion de mon âme.

En effet, Messieurs, c'est presque un des vôtres, qui vient tout heureux prendre place à vos agapes fraternelles, et mêler ses vœux, ses félicitations aux vôtres pour l'homme de bien que nous aimons et vénérons tous, et qu'un apostolat de charité et de dévoûment qui dure depuis cinquante ans, rend encore plus cher à l'humanité.

Je n'ai pas mission de vous donner des encouragements, vous n'en avez nul besoin; mais j'espère trouver ici des enseignements et des exemples.

Pouvions-nous, d'ailleurs, ne pas répondre avec empressement à l'appel de votre honoré Doyen, M. Vallage, dont les actes méritoires, les longs et loyaux services connus et appréciés de la ville entière, ont été si bien exposés, rappelés avec tant de tact et d'à-propos, par le laborieux historiographe de Béthune, M. Eugène Béghin, Charitable lui-même.

Une autre considération nous a attiré : M. Vallage, dont le grand cœur ne limite pas les bienfaits au seul territoire de Béthune, appartient en qualité de Lauréat depuis 1867, et de Membre Fondateur à la Société nationale d'Encouragement au Bien, à la Société libre d'Instruction et d'Éducation populaires et à l'Œuvre charitable du Sou du bon Dieu.

Investi de hautes fonctions dans ces trois Sociétés, j'aurais cru mal faire de laisser inoccupée la place qui m'a été si gracieusement offerte.

Et puis, ne sommes-nous pas tous en communion d'idées ? Et nos agissements, comme les vôtres, ne convergent-ils pas vers ce grand centre, foyer de lumière et de dévoûment qu'on appelle FRATERNITÉ ?

Depuis 1862, nous proclamons ce dogme étincelant de vérité : Chacun se doit à tous ; rester indifférent au Bien par intérêt ou par égoïsme, c'est manquer à la loi de Dieu et méconnaître les devoirs de l'humanité ; il faut s'aimer, — on doit s'aider, — on doit s'unir.

Et vous, Messieurs, depuis 1188, votre voix a jeté au monde, à travers les siècles, ces mots qui tracent nettement les devoirs des Membres de votre Confrérie, et font un appel aux plus nobles sentiments :

> « Celui-là est charitable : qui aime son prochain, — qui instruit les ignorants, — qui corrige le vice et donne de bons conseils, —

qui assiste les nécessiteux, — qui pardonne les injures, — et qui veille à la sépulture des morts.

Vos poëtes, car il y en a parmi vous, et la Charité peut fort bien s'allier au talent, ont mis en vers vos préceptes, afin qu'ils se gravent plus facilement dans la mémoire :

> « Ton frère a faim, partage ta pitance ;
> Ton frère a soif, donne ton verre d'eau ;
> Ton frère est faible, offre ton assistance ;
> Ton frère a froid, coupe en deux ton manteau ;
> A l'ouvrier, fais gagner un salaire ;
> A l'indigent, fais l'aumône au plus tôt :
> Il faut semer les bienfaits sur la terre
>   Pour récolter là-haut. »

Ce n'est pas là de la poésie transcendante, emphatique et fouillée ; c'est grandiose de simplicité. On dirait une strophe tombée du Ciel ; c'est une page de l'Évangile. Et pour l'écrire le 24 juin 1875, M. Coquidé n'a eu qu'à puiser dans son cœur ; jamais il n'a été mieux inspiré.

Donc, Messieurs, vous le voyez, nous cotoyons la même route ; mêmes aspirations, mêmes sympathies.

Nous disons encore aux hommes qui ont un peu de sang chaud dans les artères : « Voyez où nous poussent l'immoralité, l'amour immodéré de l'argent et des jouissances égoïstes, et les ambitions toujours inassouvies ! à la licence, au désordre, à l'abaissement des caractères, à la décadence. Éclairez donc le peuple ; faites asseoir tous ses enfants au banquet de la vie intellectuelle, et nourrissez-les de la moëlle des forts, si vous voulez donner des hommes à la famille, des défenseurs solides à la patrie ! Donnez à ceux qui souffrent et ont le cœur aigri, une foi et une espérance. Dites aux riches : Ouvrez les mains, et laissez-en tomber, comme une rosée bienfaisante, la dîme rédemptrice. La dureté du riche est une injure contre les lois de la Providence. »

Aux enfants : « Honorez vos pères et mères ; soignez-les dans leur vieillesse ; ne mettez pas sur leur tête blanchie une couronne d'épines ; et ne pétrissez pas d'amertume le pain de leurs vieux jours ! »

Voilà, Messieurs, tout le programme de la Société d'Encouragement au Bien. Elle parle, elle enseigne, elle récompense. Et vous, vous agissez, vous accomplissez la tâche que vous ont léguée vos fondateurs, sans faste, sans bruit, avec une admirable persévérance, une humilité sublime. Honneur à vous ! Que votre exemple s'étende et se propage !

Germon et Gauthier, auxquels est due l'œuvre des Charitables de Beuvry et de Béthune, n'étaient que de pauvres ouvriers du marteau ; mais ils avaient la volonté et la foi. Par l'intercession de leur saint Patron, ils obtinrent, disent les légendes « la cessation de la peste, qui désolait l'Artois. »

Il était dès lors bien naturel que saint Éloi reçût de ceux qu'il avait sauvés et de leurs successeurs, un culte spécial de reconnaissance.

Je n'ai pas l'intention de refaire complètement ici la biographie que tant de plumes plus éloquentes que la mienne ont déjà tracée ; mais les circonstances m'autorisent, je crois, à rendre un public hommage à celui dont je suis le compatriote, et qui fut un grand homme de bien sur la terre, avant d'être un grand saint dans le Ciel.

Je ne suis pas fâché non plus d'essayer, en même temps, de rétablir une vérité historique horriblement altérée par les masses populaires, qui ne sont pas toujours respectueuses et justes.

Rien, vous le savez, n'est plus tenace que les souvenirs des premières années ; les sons, les mots, les idées qui se sont gravés dans la mémoire neuve et impressionnable de l'enfant, ne s'effacent plus pendant la vie de l'homme ; et, en dépit des émotions profondes et pénibles qui troublent dans l'âge mûr le calme de la vie, les impressions du jeune âge gardent toujours, à titre de premier occupant sans doute, la place qu'elles ont prise dans une tête vide du passé, désireuse de l'avenir.

J'ai été bercé, et vous aussi sans doute, par une vieille complainte sur Dagobert et son ministre Éloi, je ne dis pas en leur honneur, car, du commencement à la fin, on ne cherche qu'à les tourner en ridicule. Ce pauvre roi, dit-on je ne sais trop pourquoi, à moins qu'on ne veuille le faire passer pour fou, a mis sa culotte à l'envers. Croiriez-vous que, pendant de longues années, je m'étais fait, malgré moi, un thème sur cette irrévérencieuse et burlesque parodie. Je voyais en pitié ce souverain mal vêtu ; et j'avais honte, pour notre pays, d'Éloi qui forgeait et maniait le marteau. Je ne les trouvais pas d'étoffe ni de taille à faire, ainsi accoutrés, l'un un grand roi, l'autre un saint de bon aloi.

Heureusement, en lisant l'histoire, j'ai corrigé mon opinion sur ces personnages, défigurés par la chanson populaire ; mais il a fallu des années, tant sont fortes, je le répète, nos premières impressions.

Passons rapidement sur Dagobert ; l'Histoire nous apprend qu'il aima le luxe, les riches ornements, les objets d'art. C'est incontestable ; et cela suffit pour que j'aie la conviction qu'un roi doué d'idées grandes et généreuses, protecteur des artistes, ami des arts, n'ait jamais eu la ridicule fantaisie de mettre un vêtement autrement que tout le monde, ainsi que l'eût fait un bouffon.

Que, par distraction, dans un moment où sa tête était entièrement occupée de projets qui devaient donner à son peuple gloire et bonheur, il ait eu le malheur de faire ce léger contre-sens, c'est possible ; mais, loin de le rendre ridicule, une pareille erreur est tout à son avantage. Sa préoccupation vaut des éloges. Bienheureux même serait le pays dont le chef voudrait et pourrait mettre les personnes et les choses à leur place, à LEUR ENDROIT, dût-il, absorbé par le soin des affaires publiques, négliger parfois ses habits. Cette légère infraction aux usages serait un petit mal dans un grand bien. Au lieu de chansonner l'innocente erreur de cet homme vertueux, on devrait fermer indulgemment les yeux sur le désordre de sa toilette et emboucher les trompettes de la Renommée pour le glorifier du bel ordre de l'État.

Je reviens à saint Éloi.

Son vrai nom était Éligius. Il était Limousin, né d'un pauvre cultivateur, en 588, dans un petit village appelé Chatelat, à une lieue de Limoges, où je suis né moi-même. Ses talents et ses vertus l'élevèrent malgré lui aux plus hautes dignités ; et, après avoir prêté au Roi le secours de son bras puissant pour diriger le timon de l'État, il abdiqua honneurs et fortune, partagea son bien aux pauvres, et consacra sa vie à soulager les misères humaines.

Il fut d'abord maréchal-ferrant, et fit son apprentissage à Limoges. Son patron mourut et laissa sa forge et la suite des affaires à Éloi, devenu habile dans son art, tellement habile qu'aucun autre ne pouvait rivaliser avec lui. Aussi devint-il riche ; et, avec la richesse, vinrent l'orgueil et une insupportable vanité. Il s'érigea en maître et fit faire une enseigne ainsi conçue :

Éligius, maréchal-ferrant, maître sur maître

ce qui occasionna quelques rumeurs dans la corporation. Or, un jour, c'est la légende qui se raconte encore aujourd'hui au pays Limousin, un jeune voyageur de fort bonne mine et couvert de poussière, se présente à l'atelier d'Éloi, tenant un cheval par la bride.

— Maître, dit-il, j'arrive de loin ; mon cheval a besoin d'être ferré promptement ; mais je vous préviens que l'opération est difficile ; je n'ai pu encore trouver un ouvrier assez artiste pour me satisfaire ; voulez-vous la tenter ?

— Éloi sourit ; plein de suffisance, il prend un fer, le forge, l'arrondit, et, quand il est prêt : Trouvez-moi donc quelqu'un, exclama-t-il d'un air triomphant, qui établisse en moins de temps un fer comme celui-ci ! Puis il se mit en devoir de l'adapter au pied de la bête. — Impossible ! il fallait le reforger ; tantôt trop grand, tantôt trop petit. Éloi s'impatientait et jurait. — Allons ! Maître, ne jurez pas ; tenez ! au lieu d'aller et de venir, coupez tout simplement le pied de mon cheval ; mettez-le dans l'étau, vous le ferrerez plus commodément, et peut-être réussirez-vous mieux.

— Vous raillez, je crois.

— Pas du tout ; et, si vous voulez me permettre d'essayer, vous jugerez si mon procédé vaut le vôtre.

Éloi, confus et humilié, haussa les épaules : — « Vous êtes fou ; mais, s'il vous plaît de sacrifier une si belle bête, je n'ai rien à objecter, faites ce que vous voudrez. »

Le voyageur ouvrit son couteau, souleva le pied de

l'animal, le coupa prestement sans que le cheval bronchât ni poussât le moindre hennissement, le mit dans l'étau, prit un fer ; en deux coups de marteau, il l'assouplit, l'ajusta, et recolla le pied avec tant de dextérité qu'il n'apparut pas même une goutte de sang. Les trois autres pieds furent ferrés de la sorte.

Éloi, subjugué, comprit que cette leçon miraculeuse avait pour but d'humilier son orgueil ; il rentra en lui-même ; il se jeta aux pieds du messager divin en versant d'abondantes larmes et frappant sa poitrine. Quand il se releva, voyageur et cheval avaient disparu. Il abandonna aussitôt sa profession et entra en qualité de simple ouvrier à la Monnaie de Limoges. Il étudia le dessin et la manutention des métaux. Puis il passa des ateliers d'Abbon, maître de la Monnaie, à la Trésorerie du roi Clotaire II. Il dut ce premier pas dans la carrière qu'il allait parcourir à la protection du Trésorier Bobbon, qui connaissait par la renommée le talent extraordinaire du jeune ouvrier. Il fut bientôt mis à l'œuvre. Le Roi le chargea de confectionner un fauteuil d'or, lui fit fournir la quantité de matière jugée, par les orfèvres, nécessaire à ce travail ; et dans cette épreuve, Éloi obtint un double triomphe : il présenta au Roi et à sa cour un fauteuil d'or ciselé d'une grande richesse de travail. Ce fut un cri d'admiration, les félicitations lui arrivaient de toutes parts. Alors Éloi montra aux regards étonnés un second fauteuil exactement semblable au premier. Le Roi veut savoir où le pauvre ouvrier a pu se procurer assez d'or pour confectionner un ouvrage de si haute valeur. — « J'ai trouvé, dit Éloi, dans l'or qui restait du premier, une quantité suffisante de métal pour faire l'autre. » Tant de délicatesse et de probité lui ouvrit à la fois le cœur et le palais du monarque. Dès l'instant, sa faveur s'accrut de jour en jour. Plus tard Dagobert vit dans le même homme deux personnes : l'une, l'ouvrier habile dont il fit son orfévre ; Éloi fut le Bapst, l'Odiot de l'époque ; l'autre, l'homme actif, intelligent, probe ; il le créa ministre des finances.

Investi de la confiance absolue de son maître, Éloi fut chargé d'une mission diplomatique fort délicate, celle de ramener à l'obéissance le duc de Bretagne révolté contre son suzerain. Il eut le bonheur de terminer cette négociation à la satisfaction de tous.

Enivré de sa haute position, Éloi oublia qu'une première fois Dieu avait rabaissé son orgueil ; il se livra aux plus brillantes séductions de la vie mondaine ; il déploya un luxe inouï. L'or et les pierreries couvraient ses habits. En vain son père Eucher et sa mère Terrégia auraient envisagé ce jeune et brillant seigneur ; l'œil maternel n'eût même pu, au milieu de ces splendeurs, reconnaître le petit paysan de Chatelat.

Mais tout-à-coup la mémoire lui revient. Eut-il quelque révélation nouvelle ? la légende ne le dit pas, mais une révolution s'opère en lui. Déjà ce n'est plus cet homme qu'entraînait le tourbillon d'une Cour corrompue, ce n'est plus le favori tout-puissant ; ses somptueux habits tombent à ses pieds : la grâce a opéré.... Et maintenant une simple robe de bure, serrée par une corde autour de la taille, couvre le corps qui se parait naguère de brocart, d'or et de soie.

Ses trésors sont ouverts ; cet or, qui servait à alimenter les plaisirs qu'il veut expier et le faste qu'il se reproche, il le distribue aux pauvres. Il devient Prêtre ; sa vie est exemplaire pour tous ; il est nommé, par élection, évêque de Noyon en 640. (Alors les Évêques étaient élus.)

Humble dans sa charité, tous les jours il faisait asseoir douze pauvres à sa table et les servait ; il recueillait les corps des criminels, et de ses mains leur donnait la sépulture. Éloquent dans son zèle pour l'humanité, sa voix puissante tonna aux Conciles d'Orléans en 644, et de Rome en 651. Le commerce des esclaves venait de s'introduire ; Éloi, philanthrope selon la loi du Christ, le flétrit au nom de la morale et de l'humanité.

Enfin, à soixante-dix ans, il mourut après vingt années d'épiscopat. La reconnaissance et les bénédictions du troupeau s'attachèrent à la mémoire du Pasteur. Les plus grands honneurs présidèrent aux obsèques du Ministre, descendu volontairement des marches du trône pour se faire le serviteur des malheureux.

La voix du peuple le proclama saint ; Dieu, qui récompense la vertu, ne l'aura pas démentie.

..... Et maintenant, quand j'entends la chanson du roi Dagobert, je me dis *in petto :* « C'est une absurdité ; l'histoire parle sur un autre ton. »

Quand, dans la foule, on cherchait, on demandait l'Évêque de Noyon, ceux qui le connaissaient répondaient aussitôt : « Voyez du côté où sont les pauvres, c'est « là que vous trouverez Éloi ! »

Sa longue carrière ne fut qu'une suite de bonnes œuvres. Voilà la vérité, voilà l'Histoire ; le reste, je le répète, c'est ridicule et bête.

Ces légendes du bon vieux temps nous font sourire aujourd'hui, que le scepticisme frondeur s'est emparé des âmes et que le froid calcul des intérêts matériels s'est glissé partout ; mais jadis, c'était un enseignement pour le peuple, enseignement qui, tout en l'intéressant, lui mettait ses devoirs et les vertus qu'il faut acquérir continuellement sous les yeux, et lui montrait les vices avec leurs conséquences funestes.

Messieurs les Charitables, vous avez beaucoup fait; mais, comme à tous ceux qui veulent secourir l'humanité, il vous reste encore beaucoup à faire.

La Société d'Encouragement au Bien poursuit énergiquement la réalisation d'une idée qu'elle croit bonne et juste, et je viens vous demander de vous y associer avec le zèle que vous apportez en toute circonstance aux bonnes actions.

A nos dernières assises et aux assises précédentes, nous avons couronné plusieurs habitants de vos contrées. Nous avons été larges dans la distribution de nos récompenses ; mais, pour conserver leur prestige et leur valeur, il ne faut pas les prodiguer. Mieux que nous, vous connaissez les vertus modestes qui s'épanouissent sous vos yeux. Quand vous en découvrirez, faites-les nous connaître, et nous serons heureux de les signaler à notre tour pour l'exemple et l'édification de tous. Formez un Comité pris dans votre sein ; et que, chaque année, ce Comité nous remette une liste de propositions sagement et mûrement examinée. Ce sera le moyen d'être juste et d'éviter les abus. Il se trouvera, sans aucun doute, des gens qui critiqueront l'utilité de décerner des palmes ou des médailles à la vertu. Ne vous préoccupez pas de cela. Mais, entrez dans la chaumière du paysan, ou dans la chambre de l'ouvrier ; et, si vous voyez suspendue une croix d'honneur, une médaille, un signe distinctif d'honneur décerné dans une journée mémorable, vous serez touché du culte dont on entoure cette relique de famille ! Quelle émulation pour ceux qui survivent ! Quelle morale en action que celle-là ! Et vous entendrez répéter par le fils : « Mon père a été un honnête homme ; sa vie a été utile ; en voici la preuve parlante ! Il ne sera pas dit que je décherrai ! Je serai un honnête homme comme lui ! »

C'est le grain du bon exemple qui germe. La vertu exerce un pouvoir contagieux ; elle gagne de proche en proche ; elle dilate, incline et change autour d'elle des cœurs qui ne se rendent même pas compte de l'influence à laquelle ils cèdent.

Nous comprenons les dangers du mauvais exemple, et nous trouvons qu'on ne saurait jamais trop lutter contre la fatale attraction qu'il exerce ; mais on doit en même temps constater l'heureux et irrésistible entraînement au Bien qui se propage, comme le parfum s'échappant d'un vase entre ouvert embaume tous les objets qu'il imprègne.

Vous avez dit comme nous, et imprimé dans un de vos chants, ces mots divins :

AIMONS-NOUS ! AIDONS-NOUS !

Attachons-nous à les faire bien comprendre et à les mettre en pratique.

Aimer est la première loi de la nature.

Aimer n'est pas ce que beaucoup appellent le plaisir, — mettre des satisfactions grossières à la place des jouissances intelligentes et morales, — ni se préparer des remords pour l'heure où la vie entière se déroule comme un tableau sous les yeux du vieillard.

S'aimer, — c'est comprendre ce qu'on se doit, comme enfants du même Père et comme membres de la même Société. Ce n'est pas s'isoler dans une pensée égoïste, mais unir ses efforts aux efforts communs, avec la conviction que le travail de chaque abeille est indispensable à la ruche, et qu'il faut un nombre infini de grains de sable pour élever un grand édifice avant qu'il soit possible d'en poser le couronnement.

S'aimer, — c'est poursuivre le parfait équilibre de l'élévation de l'âme vers le ciel, de la dilatation du cœur à l'égard des hommes ; — se répandre sans s'épuiser ; — agrandir à la fois le domaine de sa pensée et l'abnégation de ses actes ; — se faire tout à tous, TOUS POUR CHACUN, CHACUN POUR TOUS.

Agir autrement, c'est faire le vide dans son âme ; et la Société, à son tour, fait le vide autour de celui qui n'aime rien. Elle le laisse, dans son isolement, joindre chaque jour une amertume de plus au calice des désenchantements que l'avenir lui réserve.

Je n'ai pas la prétention de vous tracer une ligne de conduite à suivre ; je vous fais seulement connaître la nôtre, et je fais appel à vos sympathies en vous demandant de concourir, dans la mesure de vos forces et de vos relations, à notre œuvre régénératrice.

Ah ! je le sais, la tâche est rude ; vous ne trouverez pas toujours sous vos pieds des tapis de mousse et des paillettes d'or ; toute joie coûte une peine ; tout bonheur veut un sacrifice ; et le Ciel ne s'ouvre qu'à ceux qui l'ont mérité par l'abnégation et de grandes vertus... Qu'importent les cailloux et les ronces ! Montrez-moi donc une âme grande et généreuse, un cœur dévoué qui n'ait eu ses moments de tristesse et d'abattement ? qui n'ait eu plus de rêves déçus que d'espérances satisfaites, plus de soupirs refoulés que de sentiments compris ?

Dieu l'a voulu ainsi ; mais, en même temps, il a envoyé sur la terre un ange aux blanches ailes pour nous soutenir, nous guider, fortifier nos cœurs et doubler nos forces. Cet ange, vous le connaissez, Messieurs les Charitables, C'EST LA CHARITÉ !

Eh bien ! le vrai mérite, c'est d'aller toujours en avant, toujours droit, sans défaillance et sans hésitation.

N'imitons pas ces égoïstes qui moissonnent et vendangent, et ne laissent entrer les pauvres, dans leurs champs et leurs vignes, que quand il n'y a plus rien à glaner.

Ne perdons jamais de vue ce mot de feu, symbole de tous les devoirs, qu'il faut comprendre ; ne pas l'inscrire banalement sur les murailles, mais l'incruster dans le cœur des hommes :

FRATERNITÉ !

Au milieu du désordre intellectuel, moral et politique dont nous sommes les témoins, il est permis aux hommes sérieux, qui se préoccupent à juste titre de l'avenir du pays, de se demander où nous sommes, où nous allons !

Il est temps, grand temps, que le pharisien meure en nous ; il est grand temps de mettre dans nos actions un peu plus d'accord et quelques grains de bon sens.

L'esprit humain est en quête de nouveaux horizons ; la Société tend à se reconstruire : le philosophisme orgueilleux, l'obscurantisme honteux, la verge de fer du despote, et le pétrole des Erostrates, doivent être relégués dans un profond oubli.

La première condition, la puissance créatrice, aussi bien dans la vie morale que dans la vie matérielle, c'est la Foi, c'est le renoncement de soi-même.

Que personne ne s'abdique ; aucun rouage n'est inutile dans la machine sociale. Tout le succès est dans les efforts communs, dans les concessions mutuelles, dans l'unité de vues honnêtes et patriotiques.

Que la Charité unisse ceux que la politique divise ! La Patrie a besoin de l'amour de tous ses enfants ; la division, c'est la ruine ; le vide, c'est la mort.

Quand la discorde est au logis, les parasites dévastent tout ; quand des frères se disputent entre eux, le travail est stérile ; le patrimoine se dissipe, les envieux et les gens de loi le dévorent.

Marchons unis, nous serons forts. A Paris, à Bordeaux, à Béthune, à Quimper, le bien est partout le bien ; il ne connaît pas de frontières ; il est de tous les climats, de tous les rangs, de toutes les religions.

Ne nous abaissons pas aux mesquines tracasseries, aux petites rivalités de clocher. A côté des amertumes que les esprits étroits suscitent, n'avons-nous pas les doux tressaillements de notre conscience et son ineffable témoignage, les bénédictions des pauvres et cette suprême espérance : Là-haut !....

Messieurs, hier, je ne vous connaissais pas ; je n'étais pas connu de vous. Aujourd'hui, je vous ai vus, je vous ai appréciés. J'ai été profondément ému de votre accueil courtois et bienveillant. J'emporterai de mon court séjour à Béthune, et de la touchante cérémonie à laquelle mon honorable ami et collègue M. Vallage a bien voulu me convier, un souvenir qui ne s'effacera pas. Comment pourrais-je vous oublier ? Au milieu de vous, j'ai senti mouiller mes yeux ! — et vous avez saisi mon âme.

Nos lecteurs viennent de lire le discours de M. Honoré Arnoul. C'est la pièce capitale de ce compte-rendu. Ces pages éloquentes ont trouvé le chemin de nos cœurs.

Si la lecture seule de cet admirable travail nous émeut et nous pénètre, quel en eût été l'effet, si nous avions pu l'entendre tomber des lèvres mêmes de l'auteur, avec l'accentuation du geste et le prestige du regard.

L'âme qui recèle de telles pensées, et la plume qui les écrit avec un si grand art, sont, nous assure-t-on, accompagnées d'une voix persuasive et éloquente, qui décuple la force de l'enseignement moral.

Aussi, nous regrettons plus que jamais que Dieu n'ait point accordé à son éminent serviteur la faveur de venir nous échauffer de ses accents inspirés. Mais, espérons qu'il recouvrera bientôt la santé du corps, comme il a celle de l'âme : une lumière si vive et si pure doit briller longtemps encore pour l'édification de l'humanité.

Sur la proposition de M. Honoré Arnoul, le Conseil supérieur de la Société d'Encouragement au Bien a voté une Médaille commémorative en l'honneur du Jubilé demi-séculaire de M. Vallage aîné.

A la même occasion, et sur la proposition du même, MM. Clément-Sy, ancien Prévôt; Déruelle, Prévôt en exercice, et Dellisse-Engrand, Maire de la ville de Béthune, ont été nommés Membres honoraires, avec insigne, de la Société nationale d'Encouragement au Bien ;

MM. Coquidé et Vandersippe, Officiers d'Académie, ont été nommés Membres honoraires, avec insigne, de la Société libre d'Instruction et d'Éducation populaires.

De plus, M. Arnoul avait été chargé par M. Nadault de Buffon, avocat général à Rennes, Président de la Société des Hospitaliers Bretons, de remettre les diplômes de Membres d'honneur, avec insigne, à MM. Vallage aîné, Dellisse-Engrand et Eugène Béghin.

L'Institut Confucius de Bordeaux, présidé par M. Sénamaud, avait envoyé deux diplômes et deux médailles pour être remis à M. Dellisse-Engrand président d'honneur, et M. Vallage aîné, vice-président d'honneur.

LE BANQUET

DES

CHARITABLES DE BÉTHUNE

(30 Juillet 1876)

Ainsi que l'avaient arrêté les dispositions de la Commission, le Banquet commença à deux heures dans une salle de l'Hôtel-de-Ville.

Nous avons ici des félicitations à adresser à MM. les Commissaires organisateurs pour les soins qu'ils ont apportés, tant à l'ornementation de la salle qu'au classement des Confrères participants. Un cri de surprise et presque d'admiration s'échappait de toutes les poitrines à la vue de la Toile de la Vision des Maréchaux-Ferrants, d'un côté, et du buste de saint Éloi, à l'autre extrémité du vaste salon.

Les inscriptions, les listiques, les quatrains, révélaient l'état des esprits, tout à la paix, la concorde et la charité.

La table d'honneur, placée sur une estrade, devait porter quinze couverts; nous avons dit quelle triste circonstance privait la Confrérie de posséder M. Honoré Arnoul, de la Société d'Encouragement au Bien.

Les places étaient occupées par M. DELLISSE-ENGRAND, Maire de Béthune ; M. VALLAGE AINÉ, vénérable Doyen ; M. LE GRAND-DOYEN DE BÉTHUNE ; M. LE DOYEN DE BEUVRY ; LES DEUX PRÉVÔTS DES CHARITABLES DE BEUVRY, et huit Prévôts des Charitables de Béthune : MM. Clément-Sy, Jobé-Crémers, Vallage jeune, Obry-Bocquet, Mannessier-Soyez, Caron-Guilleman, Vandersippe et Déruelle.

Nous n'entrerons dans aucun détail touchant la munificence du vénérable Doyen, qui a tenu à faire grandement les choses à l'occasion de cette fête majestueuse, dont il était le personnage principal.

Nous dirons seulement quelle surprise agréable fut faite aux convives vers le dessert : La Musique municipale, vaillante société dont plusieurs membres sont des Charitables, a exécuté, sous les fenêtres de la salle, quelques-uns de ses plus beaux morceaux. Cette sérénade avait d'autant plus de prix à nos yeux que les Musiciens étaient dans la nécessité de se multiplier, à cause d'un Concert de charité donné, à la même heure, au Jardin public.

Quand le moment des toasts réglementaires fut arrivé, le vénérable Doyen demanda quelques instants d'attention, et prit la parole en ces termes :

Messieurs,
Mes Confrères,

Je suis profondément touché, non-seulement des nombreux témoignages de sympathie que notre corporation rencontre de toutes parts, mais surtout de l'honneur insigne que nous font aujourd'hui M. le Maire de Béthune, M. le Grand-Doyen et M. le Doyen de Beuvry, d'assister et de prendre part à notre fête de famille.

Nous vous prions, Messieurs, d'agréer l'expression de notre bien vive reconnaissance.

Oui, mes Confrères, notre reconnaissance est acquise au protecteur de la Confrérie des Charitables de saint Éloi, à M. le Maire de Béthune, à M. Dellisse-Engrand, qui nous entoure de sa bienveillance ; à Messieurs les Doyens, qui admirent notre œuvre toute de sacrifice ; et aussi à l'homme qui, malgré ses travaux, se faisait un bonheur d'accourir de Paris pour se trouver au milieu de nous, vous adresser ses félicitations, et vous dire que vous êtes tous de braves cœurs. (*Sensation.*)

Notre affection et notre reconnaissance sont acquises à M. Honoré Arnoul, président et membre d'un grand nombre de sociétés de bienfaisance, qui a consacré sa vie entière pour le bien-être de tous, pour l'instruction et la moralisation, pour l'humanité et la charité.

C'est désolé, et des larmes plein le cœur, qu'il me prie de vous dire les vifs regrets qu'il éprouve de manquer une occasion aussi favorable de faire votre connaissance.

L'imposante cérémonie de ce jour, qui a eu pour but de rendre hommage à notre saint protecteur, à notre vénéré patron, et d'honorer sa grandeur et sa puissance, a été rendue plus solennelle encore par la célébration du cinquantième anniversaire de mon admission dans la Confrérie des Charitables. Cette cérémonie vous donne la mesure, mes Confrères, des sentiments dont la population est pénétrée en faveur de l'Œuvre que nos pères ont créée, que vous affermissez et consolidez tous les jours par votre zèle et votre dévoûment.

Cette mission pieuse d'enterrer les morts gratuitement, riches et pauvres, aussi dignement que vous le faites, et que vous remplissez avec tant d'abnégation; si elle appelle sur vous tous l'admiration en vous voyant chaque fois, et en si grand nombre, faire cortége surtout au pauvre délaissé, mort sur le grabat ou à l'hôpital; ne devient-elle pas plus admirable encore en vous permettant, chaque hiver, par d'abondantes distributions de pain, de venir en aide à bien des personnes nécessiteuses?

Vos sentiments à tous, mes Confrères, vous savez bien

que je les connais, depuis que vous m'avez permis de lire dans vos cœurs cette sublime pensée, cette maxime que vous professez si bien : « *Plus l'homme est guidé dans ses actions par le désir d'être utile à ses semblables, plus ses actions sont conformes aux lois de la raison et de l'humanité,—et plus elles sont nobles et vertueuses; elles élèvent la dignité humaine, elles rapprochent les hommes et les unissent, elles les rendent meilleurs et par conséquent plus heureux.*

Ces sentiments, mes Confrères, ont affermi chez nous cette bonne union qui est toute notre force, cet amour fraternel qui, depuis près de sept siècles, consolide notre institution; ces sentiments nous ont appris à mettre de côté l'intérêt personnel pour pratiquer, au nom de la morale, ce dévoûment d'humanité et de charité, ce dévoûment fraternel qui laisse la politique de côté et laisse l'amitié seule debout. (*Très-bien!*)

Notre Confrérie, dont les fondements sont aujourd'hui inébranlables; qui, depuis près de sept cents ans, après bien des épreuves, a su résister aux malheurs des temps; que les révolutions, ni les dangers, ni les défaillances, ni les désertions, n'ont pu détruire, pas même affaiblir; nous devons être fiers de la montrer à notre Administration municipale et de lui dire : « NOUS SOMMES RESTÉS DIGNES DE VOUS. » (*Bravos! — Applaudissements.*) Nous avons jusqu'ici accompli la mission que vous nous avez confiée, et nous vous demandons de continuer indéfiniment à l'accomplir. (*Très-bien! Très-bien!*)

Cette mission, mes Confrères, nos enfants l'accompliront aussi à leur tour. Imbus des mêmes sentiments que leurs pères, que leurs aïeux, ils ne formeront comme nous-mêmes qu'une seule famille unie. Comme nous-mêmes, ils propageront ces idées de morale et de religion, ces habitudes d'ordre et d'économie, ce dévoûment à la famille, à l'humanité et à la charité.

Je ne finirai pas, mes bons Confrères, sans vous adresser mes félicitations pour la Médaille collective que la Société nationale d'Encouragement au Bien a décernée à la Confrérie le 28 mai 1876. Cette récompense, assurément bien méritée, sera pour votre charitable phalange un acheminement vers de plus hautes distinctions, que vous pourrez acquérir en continuant comme vous le faites, avec cette dignité qui vous caractérise, à mériter l'estime de nos concitoyens et la bienveillance de notre Administration.

MESSIEURS,

MES CHERS CONFRÈRES,

Je vous propose un toast :

Au protecteur de la Confrérie des Charitables ; — à M. Dellisse-Engrand, qui nous entoure de sa bienveillance ; — à l'Administrateur distingué, dévoué et infatigable, dont tous les instants sont consacrés au bien-être et à la prospérité de notre cité ! (*Très-bien !*)

A MONSIEUR LE MAIRE DE BÉTHUNE !

Des bravos prolongés accueillirent ces paroles de M. Vallage, et prouvèrent à M. le Maire que le Doyen était le sincère interprète de la Confrérie des Charitables.

Quelques instants après, Monsieur le Maire Dellisse-Engrand répondit en ces termes :

MONSIEUR LE DOYEN,

Je vous remercie de grand cœur des paroles que vous venez de prononcer.

En m'invitant à cette fête de famille, vous m'avez donné une double satisfaction, celle de pouvoir affirmer hautement mes sympathies pour cette admirable Confrérie qui, depuis sept cents ans, montre pour notre ville un dévoûment, un désintéressement à toute épreuve, et qui a su, sous votre heureuse inspiration, comme sous celle de vos honorables prédécesseurs, conserver intactes toutes ses traditions. (*Très-bien !*)

Ce n'est pas devant vous, Messieurs, que je rappellerai les services rendus par votre Association ; qu'il me suffise de dire que c'est un honneur pour une ville de posséder dans son sein une œuvre comme la vôtre (*très-bien !*) ; et que, si c'est un devoir, c'est aussi un bonheur pour nous de vous assurer de notre intérêt le plus vif, de notre appui le plus sincère. (*Très-bien !*)

J'éprouve, je vous l'ai dit, une autre et bien grande satisfaction en cette circonstance ; c'est celle de pouvoir me joindre aux nombreux amis qui viennent vous féliciter, Monsieur le Doyen, en cette mémorable journée, — celle de pouvoir, en même temps, rendre publiquement hommage à vos nombreux services.

En succédant à l'honorable et regretté M. Brasier, vous avez hérité de ses qualités ; et vous avez su maintenir, au sein de cette corporation que rien n'a pu ébranler, cet esprit d'union et de fraternité qui fait sa force et sa prospérité. — Au Conseil Municipal, au Bureau de Bienfaisance, à la Société de Secours Mutuels, comme dans toutes les autres et nombreuses missions que vous avez remplies, vous avez montré une préoccupation constante pour les intérêts de la cité ; et nul plus que vous ne s'est montré soucieux d'apporter un soulagement aux misères, une amélioration au sort si intéressant de nos classes ouvrières.

Hier encore, votre main bienfaisante s'ouvrait au profit de nos pauvres et de nos orphelins, ajoutant une libéralité à tant d'autres.

Déjà diverses Sociétés ont récompensé vos efforts multiples, vos sentiments généreux, en vous décernant des Médailles qui resteront les preuves éclatantes que vous avez su prendre une des premières places parmi les hommes utiles qui travaillent au bien de leurs semblables.

Aujourd'hui, l'admirable Confrérie dont vous êtes le chef vénéré, vient de vous rendre un hommage d'autant plus flatteur, d'autant plus précieux, qu'il traduit les sentiments de tous ses membres. (*Très-bien !*)

Permettez qu'à mon tour, Monsieur le Doyen, je vous rende la justice qui vous est due, en vous remerciant des services que vous avez rendus à notre ville (*bravos !*) ; et permettez que je vous témoigne, au nom de mes concitoyens, notre profonde et très-sincère reconnaissance. (*Très-bien ! très-bien !*)

Je vous propose, Messieurs, la santé de M. Vallage, votre Doyen, que nous sommes heureux de féliciter et de remercier en ce mémorable anniversaire.

A MONSIEUR VALLAGE !

Une longue salve d'applaudissements accueillit les accents émus de M. Dellisse ; rien ne pouvait causer une plus douce émotion que cette union, que cette accolade de deux hommes de bien, qui ont attaché leurs noms à des œuvres impérissables : M. Dellisse a donné à Béthune l'air, la lumière, la santé, la prospérité ; M. Vallage a donné à la Confrérie de Saint-Éloi le type du parfait Confrère, le modèle des charitables vertus.

———

Conformément au programme qui avait été fixé par la commission du Jubilé semi-séculaire, le Mayeur Coquidé, professeur, a été invité à adresser les remercîments de la Confrérie à M. le Doyen de Beuvry et M. le Grand-Doyen de Béthune ; voici le toast qu'il a prononcé :

MESSIEURS,
MES CHERS CONFRÈRES,

Dans cette grande manifestation de notre reconnaissance envers saint Éloi, dans cette réunion sympathique des vrais Charitables sous l'œil paternel du Patriarche de la Confrérie, l'élément seulement civil et philanthropique n'aurait point suffi à l'expansion de notre joie ; nous avons éprouvé l'impérieux besoin de l'élément religieux : Nous avons demandé à la plus imposante cérémonie de la Religion de couronner solennellement la glorieuse cinquantaine de notre bon Doyen.

Au pied de l'autel, l'Esprit de Charité ou de Concorde a vivifié de nouveau nos âmes ; ce sont des forces nouvelles qui nous sont venues pour continuer l'Œuvre admirable commencée par nos pères. Le Tout-Puissant et ses saintes Légions, la Religion et ses touchants Mystères, ont éclairé nos esprits. Quand nos fronts s'inclinaient devant le Tabernacle, il nous a semblé voir, comme dans une brillante auréole, Germon, de Beuvry, et Gauthier, de Béthune, auprès de notre illustre Patron ; nous avons cru les voir étendre sur notre Doyen leur main bienfaitrice, comme pour lui dire d'éterniser dans ses disciples son zèle et son dévoûment ; nous avons cru les entendre nous dire du haut des voûtes :

« Fuyez le vice, pratiquez la vertu, allez par le monde
» disputer les pécheurs à l'Esprit des ténèbres pour les
» ramener au culte du seul vrai Dieu ; remplissez votre
» vie d'actes de mérite : Priez comme nous ! — Travaillez
» comme nous ! — Aimez comme nous ! »

Voilà, mes Confrères, ce que notre cœur a recueilli parmi les émouvantes prières du grand Sacrifice Chrétien ; ne l'oublions jamais !

N'oublions jamais non plus qu'après les pauvres, ces meilleurs amis de Dieu, les hommes qui consacrent leur vie au sacerdoce évangélique, ont droit à nos plus grands respects. Témoignons donc en ce jour des sentiments qui nous animent à leur égard.

Deux zélés serviteurs selon le Cœur de Jésus sont ici, au milieu de nous ; ce sont, comme nous, les émules de saint Éloi ; et leur ministère est plus grand encore que le nôtre, puisque nous conduisons les corps à la cendre et à la destruction, tandis qu'ils conduisent les âmes à la vie et à la lumière : Mes chers Confrères, remercions-les d'avoir pris part à cette fête fraternelle ; assurons-les que nous les entourerons du respect qui leur est dû ; nous ne faillirons pas plus à ce devoir qu'à celui de la bienfaisance.

Puissent nos descendants honorer toujours, à notre

exemple, les Hommes de Dieu, sans lesquels il n'y a pas de joie à la naissance, et pas de consolation à la mort !

Messieurs,

Mes bons Confrères, portons ensemble la santé de Monsieur le Doyen de Beuvry et de Monsieur le Grand-Doyen de Béthune !

La satisfaction fut générale. L'attitude des confrères et leurs vifs applaudissements ont prouvé que la voix du Mayeur Coquidé avait trouvé de l'écho partout.

Lorsque le silence eut succédé aux bruyantes manifestations de la joie, M. le Grand-Doyen se leva et répondit ainsi :

MESSIEURS,

Il y a quelques heures, la Religion était heureuse d'offrir à Dieu, en votre nom, le sacrifice de ses Autels, pour honorer votre illustre et saint Patron, le grand saint Éloi.

Avec vous, elle remerciait Dieu de vous avoir inspiré ce solennel hommage de foi, de piété, de confiance en ce fidèle Protecteur de votre Association et de toute la contrée de Béthune.

Fidèle, elle aussi, depuis sept cents ans bientôt, elle n'avait cessé de vous encourager de ses prières et de ses bénédictions, dans la belle et éminemment sainte Œuvre qu'elle-même, par saint Éloi, avait excité vos pieux fondateurs à créer parmi nous.

Il était donc bien naturel et bien juste qu'elle vînt aussi s'asseoir au milieu de vous, dans cette réunion vraiment fraternelle (*Très-bien!*) de tous les enfants de saint Eloi. (*Applaudissements.*)

Nous sommes heureux, Messieurs, de vous le dire, Monsieur le Doyen de Beuvry et moi : De tout notre cœur, au nom du vénéré Prélat de tout le Diocèse, que nous nous sommes fait un devoir d'instruire de cette religieuse solennité ; au nom de la Religion elle-même que nous représentons ici ; de tout notre cœur, oui, nous vous remercions, nous vous félicitons, nous adressons au Ciel les vœux les plus sincères pour que l'esprit de saint Éloi, esprit de foi et de vraie charité, règne de plus en plus chaque jour parmi nous, et qu'encore sept cents ans, et encore sept cents ans, c'est-à-dire toujours, cette gloire de Béthune et Beuvry, gloire sainte, que seul il possède, aille jusqu'à la fin des temps, se perfectionnant toujours davantage. (*Bravo !*)

C'est à vous, Monsieur le Doyen, qu'est due la belle, sainte et heureuse pensée de toute la fête de ce grand jour ! Honneur à vous ! qui vous êtes si sagement souvenu de profiter de votre beau jubilé de cinquante ans dans l'Association de Saint-Éloi, pour appeler la Religion à vous bénir, et à la bénir à nouveau de ses toutes particulières bénédictions ! Honneur à vous ! qui, si généreusement et si cordialement, dans cet admirable banquet de vrais frères (*sensation*), réunissez, en quelque sorte, toute la ville de Béthune pour partager votre joie ! Honneur à vous ! qui vous proposez si noblement de perpétuer le souvenir de cette magnifique journée par un double monument de votre piété envers votre céleste protecteur !.... Je serais indiscret si je ne me bornais pas à ces quelques paroles. — Mais, à l'avance, Monsieur le Doyen, agréez-en toute notre reconnaissance, et, j'en suis certain, la reconnaissance de toute la paroisse de Béthune, si dévouée, comme vous, au bon saint Éloi.

Avec notre gratitude, agréez tous nos vœux pour que vos jours soient encore longs et prospères, et pour que, partout et toujours, les désirs de votre cœur aient un plein succès aussi bien au Ciel qu'ici-bas.

De tout notre cœur,
Messieurs,
à l'Association des Charitables de Béthune et de Beuvry !
à Monsieur Vallage aîné, son vénérable Doyen,
Cordiale amitié et sincère vénération à toujours !...
(*Longs applaudissements !*)

Autant M. Dellisse-Engrand, Maire de Béthune, avait recueilli de témoignages enthousiastes de satisfaction, quand sa main, dépositaire de l'Autorité municipale, avait serré celle de notre bon Doyen ; autant on recueillit M. le Grand-Doyen de l'arrondissement, quand il eut montré, par ses éloquentes paroles, combien est apprécié par l'autorité religieuse le charitable dévoûment de notre corporation tout entière.

Peu après, M. Vallage se leva, et recommanda de faire la part des Pauvres, comme il entre dans les constantes habitudes des banquets de Charitables :

Mes confrères, dit-il, nous ne dérogeons jamais à nos usages ; vous avez, j'en suis sûr, le denier du pauvre tout préparé ; donnez-le donc ! Que les malheureux aient aussi leur part de nos joies. — Je prie donc notre cher et bien-aimé Duquesne, de l'Élection 1874, et notre cher et bien-aimé Le Marchand, de l'Élection 1875, de se partager les tables, et de recueillir les offrandes pour les indigents ; ils voudront bien en verser le montant immédiatement dans les mains de notre Mayeur M. Paquet, Membre du Bureau de Bienfaisance, ici présent au milieu de nous.

Quelques instants plus tard la collecte était faite, et le produit compté sous les yeux du Mayeur Paquet. Alors ce dernier remercia l'assistance en ces termes :

RESPECTABLE DOYEN,

Les Disciples de saint Éloi ne se sont jamais réunis sans penser aux Pauvres, et leur assurer quelques secours. — En provoquant une collecte en leur faveur, vous avez voulu rester fidèle à cette ancienne et excellente tradition. Permettez-moi de vous en remercier bien sincèrement en leur nom.

Si ces trois mots : « Pour les Pauvres ! » ouvrent toujours et infailliblement la main des Charitables, il ne faut pas s'étonner non plus que ces trois mots : « Pour les Orphelins » jouissent aussi du même pouvoir. Quelques membres de la commission, entre autres le Mayeur Collinet, proposèrent d'envoyer aux petits orphelins de Béthune quelques-uns des riches desserts qui étaient comme un superflu de nos tables. Il est inutile d'ajouter que cette généreuse pensée ne rencontra aucun contradicteur.

M. Vandersippe-Fauvez, ancien Prévôt de la Confrérie, de 1873 à 1875, prononça ensuite un toast aux Prévôts, Mayeurs et Confrères de la Confrérie de Beuvry. Les applaudissements de l'assemblée furent la démonstration évidente des sympathies mutuelles entre les deux associations.

Le programme des toasts continuant son exécution, M. Eugène Béghin, chargé par le Doyen de porter la santé des Prévôts, s'exprima ainsi :

MESSIEURS ET CHERS CONFRÈRES,

En vous proposant de porter la santé de nos Prévôts, je voudrais en même temps rappeler la mémoire des honorables personnes qui, pendant sept siècles, ont eu charge de notre Confrérie, l'ont maintenue dans l'état prospère que nous pouvons constater aujourd'hui, et ont fait de la Société des Charitables la gloire de la ville de Béthune.

Si nous compulsons nos archives, nous trouvons souvent à la tête de notre Confrérie, les personnages les plus recommandables de la cité; mais, il faut le dire, ils étaient plus grands dans ces humbles charges de la Charité que par les dignités dont ils étaient revêtus.

Les choix de nos prévôts furent dictés par la haute protection de l'illustre Saint, notre fondateur.

De même qu'une Société conduite par une main faible ou imprudente ne peut rester longtemps debout, la Confrérie de Saint-Éloi de Béthune aurait eu ses années de décadence et son jour de chute, s'il n'y avait toujours eu pour la conduire : UN ESPRIT ÉCLAIRÉ, UN CŒUR GÉNÉREUX, UNE MAIN FERME ET PRUDENTE !

Ces qualités se sont rencontrées toutes, et à toutes les époques, chez nos Prévôts ; et, grâce à notre Patron, ils ont maintenu haut et ferme l'étendard de la CHARITÉ, cet admirable emblème de foi, d'amour et d'espérance.

Remercions le Saint qui les a inspirés ! remercions-les eux-mêmes !

Louange à ceux qui ne sont plus ! Louange à ceux que nous possédons encore ! Nous sommes sûrs que leurs successeurs leur ressembleront : Le bon Dieu pourrait-il autoriser un malheureux choix ? C'est impossible ; ayons confiance dans nos destinées. (*Très-bien !*)

J'ai l'honneur de vous proposer,
    Messieurs et Chers Confrères,
de boire à la santé de M. Déruelle, Prévôt en exercice, et à celle des anciens Prévôts ! (*Applaudissements.*)

Le Doyen Vallage porte un toast aux Mayeurs.

Prié par eux de répondre en leur nom, le Mayeur Cayet, adjoint au Maire, dans une rapide improvisation, s'exprime en ces termes :

NOTRE VÉNÉRABLE DOYEN,

Il y a quelques années, dans une réunion de bienfaisance que vous présidiez avec autant d'éclat que de distinction, vous nous disiez entre autres choses : « ON SE RETROUVE TOUJOURS AVEC PLAISIR, QUAND ON S'EST QUITTÉ AVEC PEINE. » — Je ne saurais vous traduire, en effet, le bonheur que nous éprouvons de nous trouver tous réunis dans une même enceinte, où il nous est permis de nous rappeler les fatigues que, durant nos charitables fonctions, nous avons ensemble essuyées et le désintéressement dont nous n'avons cessé de donner des preuves.

Mais ces fatigues, je suis heureux de pouvoir le dire ici, ont été allégées pour nous, parce que nous vous savions toujours derrière nous, nous excitant à les endurer non seulement dans l'intérêt du service, mais aussi et surtout dans celui des Pauvres, vos amis et les nôtres ! (*Très-bien ! très-bien !*)

Puisse le Ciel vous garder encore longtemps parmi nous ! (*Bravo !*)

Attachant le plus grand prix à vos exemples, nous nous ferons toujours un honneur et un devoir de suivre vos salutaires conseils ! (*Applaudissements.*)

Ces paroles, tombées des lèvres du Mayeur Cayet aussi naturellement qu'elles étaient sorties de son cœur, ont fait une sensation profonde parmi les Confrères. Elles prouvent une fois de plus que, dans notre chère Association, il suffit, pour être éloquent, de parler comme on pense. La pensée est toujours bonne : l'effet produit est toujours bon. C'est là encore, ainsi que nous l'avons dit plus haut, tout le secret des grands succès oratoires de M. Honoré Arnoul.

M. Le Marchand, cher et bien-aimé de l'Election de 1875, ayant été invité à prononcer un toast à l'Union des deux Confréries de Beuvry et Béthune, s'est exprimé en ces termes :

MESSIEURS,

CHERS CONFRÈRES,

Je dois vous paraître bien téméraire d'oser accepter la parole dans une circonstance aussi solennelle, et en présence d'une foule aussi grande d'honorabilités. Vous pardonnerez néanmoins à cette témérité, en considérant que je n'ai d'autre but que celui de saluer, dans cette réunion de personnes notables, la Corporation la plus illustre et la plus anciennement connue dans le monde entier, la Confrérie des Charitables de Saint-Éloi.

A vous tous qui êtes ici présents : Cher Doyen, Prévôts, Mayeurs, chers et bien-aimés Confrères, anciens et nouveaux, salut !!

Salut ! au nom de cette immortelle phalange de héros qui nous ont précédés dans la carrière, qui nous ont montré la voie et donné l'exemple, mais qui n'existent plus !

Salut au nom de la ville de Béthune tout entière, à vous qui en êtes l'honneur, l'orgueil et la gloire !

Salut aussi, au nom de tous nos confrères absents, qui assistent, j'en suis sûr, par le cœur et par la pensée, à ce banquet fraternel, auquel a bien voulu nous convier notre vénérable Doyen !

Salut à vous tous, Charitables de Saint-Éloi, au nom de tous les Pauvres (*très-bien !*), que vous soulagez annuellement par vos pieuses et abondantes aumônes !

Salut encore, pour votre concours si désintéressé, votre

dévoûment à toute épreuve, votre charité sans égale dans les moments les plus critiques des épidémies !

Salut enfin, au nom de tous ces cœurs nobles et généreux qui, d'un bout de la France à l'autre, ne voient maintenant, dans l'accomplissement de votre Œuvre si méritoire, qu'un sacrifice perpétuel offert sur les Autels de la Charité chrétienne !...

Aujourd'hui, en ma qualité de Cher et Bien-Aimé de la Confrérie, qu'il me soit permis, au nom de tous mes collègues, d'adresser, à notre vénérable et très-honoré Doyen, l'expression sincère de nos sentiments les plus affectueux.

Qu'il soit bien convaincu que chacun de nous forme, du plus profond de son cœur, les vœux les plus ardents pour la bonne continuation de sa santé, et pour que Dieu veuille bien lui prolonger ses jours, afin qu'il puisse voir encore longtemps que les fils de saint Éloi, qui poursuivent aujourd'hui l'œuvre commencée il y a sept cents ans sous les auspices du saint évêque de Noyon, sont et seront toujours les dignes représentants de Germon, de Beuvry, et de Gauthier, de Saint-Pry.

Vénérable Doyen, nous ne faisons qu'entrer dans la carrière des Charitables, mes Confrères en exercice et moi ; mais, soyez bien persuadé qu'avant même d'y entrer, nous avions tous compris l'importance de la mission qui allait nous être confiée. Car, si la Charité a commencé par nous rassembler sur le même terrain, par nous unir dans un même but, celui de rendre les derniers devoirs à nos semblables, la Foi aussi (*très-bien!*) est venue, qui a cimenté cette union d'une manière indestructible.

D'ailleurs, nous avons vos exemples à imiter : comme **Confrère, comme Mayeur, comme Prévôt, comme Doyen,** pendant les cinquante années qui viennent de s'écouler. Aussi, pouvons-nous dire avec juste raison que vous avez bien mérité de la ville de Béthune, cher Doyen, et que votre nom peut passer maintenant à la postérité avec cette noble devise :

VIXIT BENE FACIENDO.

Je n'aurais plus rien à ajouter, si je ne m'étais point encore fait un devoir d'adresser, au nom de tous mes collègues, à l'honorable Président de ce Banquet, M. Dellisse-Engrand, Maire de cette ville, à M. le Grand-Doyen, curé de cette paroisse, à M. le Doyen de Beuvry, nos très-humbles félicitations et nos plus vifs remercîments pour avoir bien voulu honorer de leur présence notre réunion fraternelle.

Ces Messieurs n'ignorent pas, sachez-le bien, Confrères, que si nos Confréries de Béthune et de Beuvry existent encore, malgré le Temps qui use tout, malgré les fléaux qui jettent l'épouvante et la terreur parmi les populations et qui les déciment, malgré les crises et les tourmentes révolutionnaires qui oppriment, ce n'est que grâce à l'intervention toute-puissante de saint Éloi ; ce n'est que parce que nous avons en notre saint Patron une confiance... aveugle!... (Pardonnez-moi l'expression : si elle est aveugle, elle est au moins largement justifiée par sept cents années d'une protection incessante) ; ce n'est encore que, parce que nos deux Confréries de Béthune et de Beuvry se sont toujours trouvées réunies dans le même but, dans la même pensée et sous le même drapeau.

De même, nos prédécesseurs ont toujours été unis par la même ferveur, par la même vertu, par la même foi. — Triple et sainte union qui a fait leur force et leur durée dans le passé et jusqu'à nos jours ! Triple et sainte union qui devra faire la nôtre dans le présent et dans l'avenir, n'en doutez pas, chers Confrères !

Oui ! nos deux Confréries de Charitables existent encore à Béthune, comme à Beuvry, parce que le souffle des épidémies n'a jamais été assez impur, ni assez pestilentiel, pour diminuer en quoi que ce soit le courage, le dévouement, l'abnégation d'un seul de nos Confrères !

Oui ! nos deux Confréries de Charitablies de Saint-Éloi vivent encore, elles vivront toujours (Dieu m'entende !), elles seront toujours unies comme deux sœurs, l'une à Béthune, l'autre à Beuvry, parce que le vent des Révolutions, si fort qu'il ait jamais soufflé, n'a pu leur inspirer la moindre crainte, la moindre défaillance ; parce que, grâces à Dieu, le temps les fortifie, et qu'elles se transmettent d'âge en âge de plus en plus viriles, parmi les générations qui se succèdent...

Voici donc le toast que j'ai l'honneur de porter, au nom de tous mes Confrères :

A l'éternelle Union des deux Confréries sœurs de Béthune et de Beuvry !

Une longue salve d'applaudissements succéda aux dernières paroles de M. Le Marchand, qui reçut, en regagnant sa place, les vives démonstrations de la joie de ses Confrères. On ne peut mieux dire que ne l'a fait le Cher et Bien-Aimé.

En effet, sous la protection du grand Saint qui remplit le cœur des Charitables, deux Sociétés ont paru le même jour pour secourir les malheureux. Béthune et Beuvry ont vu se lever, à la voix de deux pieux artisans, les groupes dévoués qui ne s'occupent que de la sépulture. C'est de l'histoire ancienne, mais elle est contemporaine aussi, puisque les deux sœurs continuent d'exister et poursuivent constamment le même but.

Les Confrères aiment d'y penser, car leur mystique origine a ce parfum de ferveur religieuse qui rafraîchit l'âme ; ils y pensent toujours, car ils y trouvent un aliment toujours nouveau pour raviver en eux l'amour du Bien, ainsi que l'esprit de Fraternité.

Nous dirons comme notre cher et bien-aimé Le Marchand : Puissent de longs siècles encore, et jusqu'au dernier Jugement, les Confrères de Beuvry et de Béthune vivre dans la concorde la plus parfaite !

Il restait à porter un toast aux Confrères de Béthune. Le Mayeur Coquidé fut chargé de le prononcer ; le voici :

MESSIEURS,

Ici sont réunis, sous les auspices de leur vénérable Doyen, les Membres de tous grades de la Confrérie de Saint-Éloi de Béthune. Les Prévôts, ces pilotes éprouvés de notre bienfaisante navigation ; les Mayeurs, ces seconds dévoués, ces conseillers fidèles, ont reçu le juste tribut de nos affectueux sentiments. Maintenant, laissez-moi dire quelques mots seulement au troupeau simple et modeste qui exerce nos douloureuses fonctions.

Sous l'inspiration du vénéré saint Éloi, après quelques Chefs désignés, au nombre de cinq, seize hommes furent élus, c'est-à-dire choisis, pour l'Œuvre pleine de périls de la sépulture aux pestiférés.

Seize hommes !... « SEIZE KARITAULES ! » comme le dit notre vieille légende ; « SEIZE KARITAULES » répondirent à l'appel de Germon dans Beuvry et de Gauthier dans Béthune. — Eh bien ! mes Confrères ! Germon et

Gauthier existent encore : ce sont nos Prévôts ! Les « SEIZE KARITAULES » existent encore : C'est vous !!

C'est vous tous, zélés Confrères, qui avez accueilli les offres de devenir des hommes de cœur et de dévouement ! C'est vous, Charitables de Béthune, car la Charité n'aura jamais besoin d'autres moyens que vos bras pour remplir le dernier ministère ! Ce sera toujours vous, car je ne sache pas que des mercenaires, je ne sache pas qu'un corbillard, ou modeste ou pompeux, puissent jamais faire faire de plus dignes funérailles que celles où vous paraissez nombreux, silencieux, recueillis, et surtout désintéressés !

Messieurs, vénérable Doyen, Prévôts et Mayeurs, Chers et Bien-Aimés, portons ensemble la santé des Charitables de Béthune.

Ce toast a causé une très-vive sensation. Un peu après, le Mayeur Coquidé a chanté la cantate composée spécialement pour la fête ; chacun des assistants en avait trouvé un exemplaire à son couvert ; nous en donnons seulement le Chœur :

> Entretenons, mes frères, dans notre âme,
> L'amour du Bien, cette céleste flamme,
> Etincelle échappée à la Divinité !
> Faisons le Bien ! Faisons des œuvres généreuses !
> Et nous verrons du Ciel les portes glorieuses
> Toutes grandes s'ouvrir au mot de : CHARITÉ !!

Ensuite le vénérable Doyen a demandé d'entendre la chanson du Mayeur Leroy. C'est un usage constant, depuis 1840, de répéter ce morceau dans tous les banquets de la Confrérie.

Il renferme, en manière de refrain, le précepte essentiel de l'Association de St-Éloi :

EXACTITUDE, UNION, CHARITÉ !

Et les Charitables, qui le connaissent tous, accompagnent en chœur ou à l'unisson la voix du chanteur. Quel immense effet choral produisent alors les cent cinquante voix des Confrères ! L'énergie de leurs accents se puise dans la sincérité de leurs vives convictions ; jamais ils n'oublieront leur devise :

EXACTITUDE, UNION, CHARITÉ !

Après un autre chant de circonstance, celui même dont parle M. Honoré Arnoul dans son discours :

IL FAUT SEMER LES BIENFAITS SUR LA TERRE
POUR RÉCOLTER LA-HAUT !

Monsieur le Doyen Vallage se leva et prononça les paroles suivantes :

MESSIEURS,
MES CONFRÈRES,

Avant de quitter la table, je veux vous exprimer encore une fois toute ma reconnaissance, pour le bon accueil que vous avez fait à mon invitation, pour l'empressement que vous avez mis à assister à notre fête de famille et pour ces témoignages d'affection que vous n'avez cessé de me donner.

Merci ! Mille fois merci !

Ne nous quittons pas, mes Confrères, sans renouveler ce toast :

A la bonne Union des Confréries des Charitables de Beuvry et de Béthune !

N'oublions jamais les liens qui nous unissent depuis 1188 !

C'est ensemble que nous voulons atteindre le but que nous poursuivons !

Continuez à propager et à développer de plus en plus cet amour que vous professez depuis tant de siècles pour l'Humanité et la Charité !

A la bonne Union des Confréries des Charitables de Beuvry et de Béthune !

Enfin l'Assemblée se sépara au milieu des plus vifs témoignages de satisfaction et d'affection mutuelle.

En terminant ce Compte-Rendu, nous croirions manquer aux devoirs de la Charité chrétienne, si nous n'essayions pas de PROPAGER, comme a dit M. Vallage, l'établissement et l'organisation d'associations semblables à la nôtre. Que de villes, que de paroisses ont encore un système défectueux, qui ne vient point en aide aux pauvres à l'occasion des funérailles !

Nous voudrions voir partout un groupe d'hommes désintéressés demandant et obtenant d'abord l'autorisation administrative, puis procédant aux inhumations des morts, quelle que fût leur condition.

La Confrérie des Charitables de Béthune est un modèle malheureusement trop peu imité.

Espérons pourtant qu'il se lèvera des cœurs remplis d'abnégation qui, à notre exemple, sauront faire, POUR LES PAUVRES, le sacrifice de leur temps et de leur argent.

Avec l'esprit de Charité qui l'anime, la Confrérie de Béthune voudrait se voir copier de tous côtés.

C'est une œuvre de philanthropie ou d'humanité.

Il y a partout des pauvres à secourir ; partout donc un groupe d'hommes généreux pourrait : percevoir, suivant un tarif, le prix des honneurs funèbres qu'il aurait rendus ; en transformer le montant en vêtements, pains et combustibles ;

et faire une abondante distribution de secours aux indigents, à l'entrée de l'hiver.

Par ce moyen, les pompes funèbres ne seraient plus une industrie profitable seulement à un petit nombre; elles seraient devenues, comme à Béthune, une Œuvre utile pour les nécessiteux en général, une pratique de dévoûment fraternel, une vraie manifestation de charité chrétienne.

VICTOR COQUIDÉ.

www.ingramcontent.com/pod-product-compliance
Lightning Source LLC
LaVergne TN
LVHW020040090426
835510LV00039B/1312